106 ÉNIGMES ÉGYPTIENNES

DEUX COQS D'OR

Sommaire

NIVEAUX
DE DIFFICULTÉ

☾ Croisière sur le Nil

☾☾ Traversée du désert

☾☾☾ Fais appel aux dieux !

La devinette de Hedjouret

La mère de Hedjouret a 4 filles : la première s'appelle Méhit, la deuxième Ounenès, la troisième Renenout. À ton avis, comment s'appelle la dernière fille ?

La charade du désert

- Mon premier est égal à 3,14159265...
- Mon deuxième est un rongeur.
- Mon troisième est une note de musique.
- Mon quatrième est un déterminant.

Mon tout servait de tombeau aux pharaons.

Le rébus de la reine

Déchiffre ce rébus pour apprendre
un proverbe très à la mode dans le désert !

Méli-mélo de croix

Cette collection de croix égyptiennes, qu'on appelle des « ankhs », a été découverte dans la Vallée des Rois. Peux-tu les compter ?

☾☾

La charade d'Hathor

- Mon premier se situe 2 points sous le sol.
- On fait halte lors d'un voyage maritime sur mon deuxième.
- Mon troisième ne pleure pas, bien au contraire.
- Mon quatrième célèbre des épousailles.

Mon tout est la plus petite des trois grandes pyramides du plateau de Gizeh !

Le rébus de l'archéologue

Si tu parviens à déchiffrer ce rébus, tu sauras ce que dit cet archéologue à son jeune apprenti…

Mots croisés du désert

	I	II	III	IV	V	VI	VII	VIII
1	G	I	Z	E	H	■	A	H
2	I	S	■	L	I	O	N	S
3	S	I	T	E	■	■	K	■
4	E	S	■	P	E	C	H	E
5	M	■	T	H	O	T	■	L
6	E	N	■	A	■	■	V	■
7	N	■	A	N	U	B	I	S
8	T	E	S	T	■	L	E	T

Définitions

Horizontalement :

1 Ville où l'on trouve le Sphinx et des grandes pyramides. – Mot pour rire.

2 Fin d'Osiris. – Animaux royaux.

3 Endroit où l'on mène des fouilles.

4 Au bout de Thèbes. – Activité sur le Nil.

5 Dieu scribe.

6 Dedans.

7 Dieu qui accompagne les âmes des défunts.

8 Épreuve. – Filet au tennis.

Verticalement :

I. Endroit où l'on trouve des ressources.

II. Sœur et épouse d'Osiris.

III. Plus fort que le roi.

IV. Animal dont on a trop pris la défense.

V. Salut américain. – Voyelles de vélo.

VI. Moitié de tact. – Bouts de bol.

VII. Symbole de vie. – Étape avant de rejoindre l'au-delà.

VIII. Hors sujet. – Au début d'el-Amarna. - Petit saint.

C

Pyramide en construction

Peux-tu aider ces esclaves, au travail depuis le lever du jour, à compter combien il manque de blocs de pierre pour compléter cette construction ?

Les pièges de Mykérinos

L'archéologue Montana Jenos s'est perdu dans la pyramide et cherche désespérément une issue ! Il a trouvé une drôle de trappe munie d'un levier...
Dans quel sens doit-il pousser ce dernier pour actionner le mécanisme qui l'aidera à sortir ?

☾☾

Sur le Nil

Qu'est-ce qu'on jette lorsqu'on en a besoin
et qu'on ramène lorsqu'on n'en a plus besoin ?

Les parchemins d'Horus

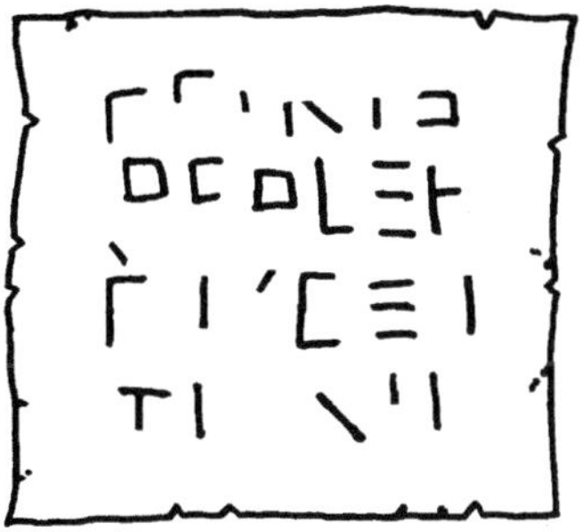

Isis est à la recherche de son mari,
Osiris, qui a succombé face
au cruel Seth !
Aide-la à reconstituer
le papyrus écrit par son fils,
Horus, pour retrouver
son mari et le ranimer !

Il te suffit de superposer les 2 morceaux
de papyrus et les lettres s'assembleront !

L'intrus du royaume

Akhenaton

Toutankhamon

Aménophis

Horus

Un artiste a dessiné 4 personnages célèbres de l'Égypte ancienne. Regarde-les attentivement et montre celui qui n'est pas un pharaon d'Égypte.

Le labyrinthe de Kheops

Quel chemin va te conduire au tombeau du pharaon ?
Personne ne l'a jamais trouvé. Veux-tu essayer ?

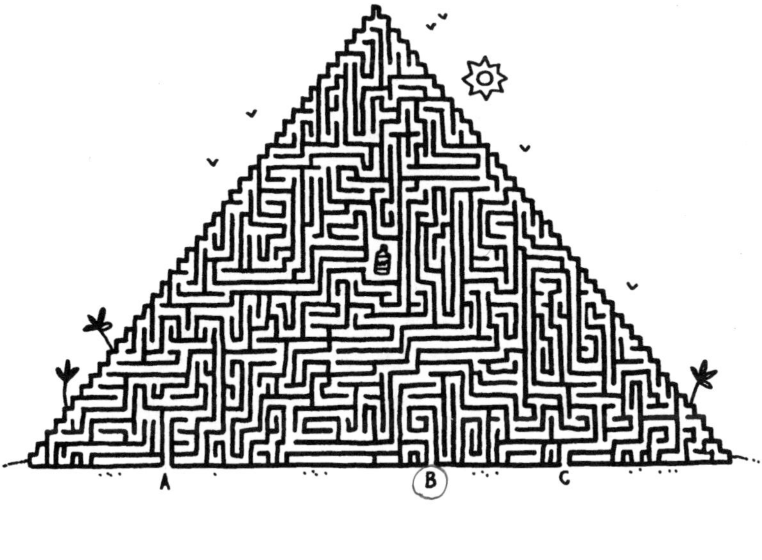

C

La charade d'Osiris

Mon premier permet de lancer des flèches.
Mon deuxième est le dieu grec des Vents.
Mon troisième est vital dans le désert.
Mon quatrième est une consonne.

Mon tout est une discipline
scientifique très importante en Égypte.

☾☾

Logique de marchands

2 commerçants égyptiens, situés l'un en face de l'autre, vendant les mêmes épices aux mêmes paysans et à des prix similaires, ne se font pas concurrence. Comment est-ce possible ?

Le logigramme du Nil

4 couples de riches Égyptiens font un voyage le long du Nil. Qui est avec qui ? Et combien de temps dure leur périple ? Note les résultats dans la grille en traçant un rond pour une affirmation et une croix pour une négation, puis rassemble tes conclusions dans le tableau. Tu sauras tout de ce voyage !

À toi de jouer :

- Djaa et Chefet sont mari et femme. Ils sont partis 2 jours de plus que le couple dont le mari s'appelle Enheb, mais dont la femme n'est pas Djounout.

- Chabti est parti 2 jours de moins qu'Adjib.

- Abina et Adjib sont partis 10 jours en Égypte.

		Femmes				Séjours			
		Abina	Bérénice	Chefet	Djounout	4	6	8	10
Maris	Adjib	X							
	Chabti				X				
	Djaa			X					
	Enheb		X						
Séjours	4		X						
	6			X					
	8				X				
	10	X							

Femmes	Séjours	Maris
Abina	10 jours	Adjib
Bérénice	4 jours	Enheb
Chefet	6 jours	Djaa
Djounout	8 jours	Chabti

☾☾

Lutte de pouvoir

Personne n'en veut ; mais quand
on la cherche, on ne veut pas la perdre !

Les pyramides de Gizeh

2 Égyptiens se promènent dans le désert.
L'un regarde la pyramide de Kheops, l'autre regarde la pyramide de Khephren. Pourtant, ils arrivent à se voir. Comment est-ce possible ?

☾

Le père d'Amenhotep IV

Déchiffre ce rébus et
tu découvriras le nom d'un grand
pharaon du Nouvel Empire !

L'erreur à réparer

Les ouvriers de Louxor se sont trompés dans l'orientation de leur construction... Elle pointe vers la droite. Or, ils doivent la faire pointer vers la gauche en déplaçant un minimum de blocs... Peux-tu vite les aider avant l'arrivée du vizir ?

Sudo-hiéroglyphe

Complète cette grille de 9 cases avec les 9 hiéroglyphes (en bas de la grille) afin que chaque hiéroglyphe figure une fois et une seule sur chaque ligne, dans chaque colonne et dans chaque bloc.

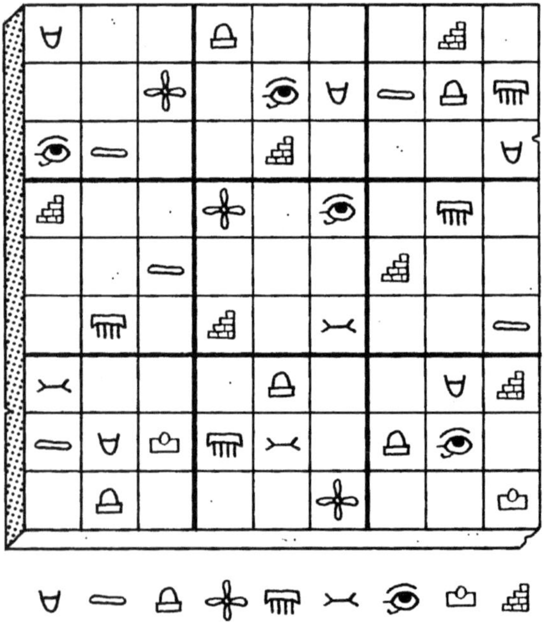

☾☾

Esclaves d'Égypte

Un Égyptien demande à son voisin :
« Combien ai-je d'esclaves, sachant que tous sauf 2 sont perses, tous sauf 2 sont grecs, tous sauf 2 sont romains, et que j'en ai plus de 2 ? »

L'intrus des dieux

Regarde bien ces 4 personnages.
Lequel n'est pas un dieu égyptien ?

Ouvriers en fuite

Complète chacune de ces phrases avec les lettres du mot en majuscules pour découvrir comment le chef des esclaves encourage ceux qui veulent s'évader des chantiers des pyramides.

1 - PRIONS pour ne pas aller en PRISON

2 - Gardons ESPOIR de ne pas être des PROIES

3 - Trouvons vite la SORTIE avant d'être jetés aux ORTIES

Dieux et déesse

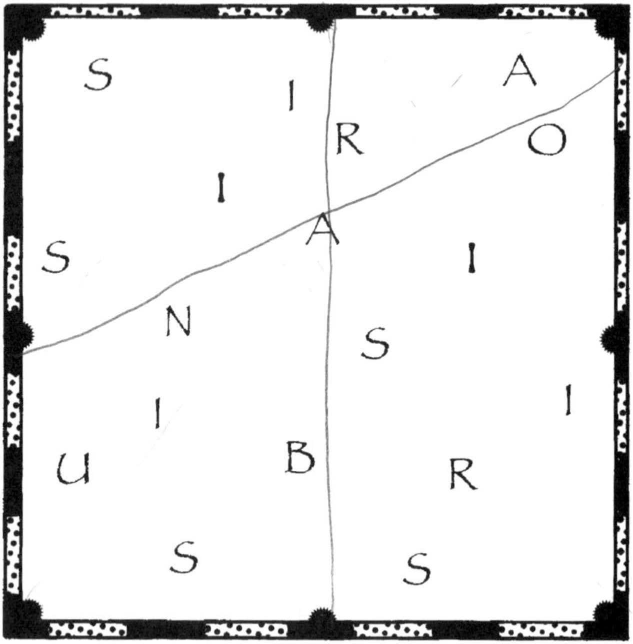

4 noms de dieux égyptiens se sont dispersés dans ce cadre sacré. Découpe-le en 4 et tu trouveras leurs noms !

C

Sauvés des eaux

Te souviens-tu : combien d'espèces différentes d'animaux Moïse a-t-il emmenées sur son arche ?

☾☾☾

Prisonnier du temple

Aide l'ouvrier Nout à quitter le temple d'Osiris.

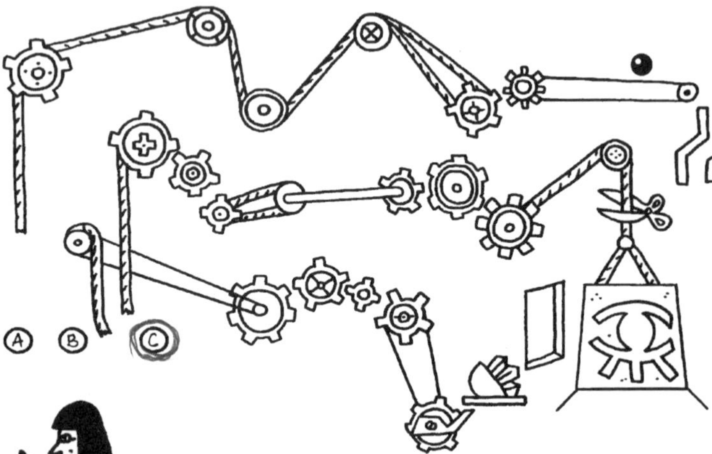

Voilà des heures qu'il cherche la sortie.
S'il tire sur la bonne corde, la porte s'ouvrira et il sera libre !

La devinette de Rê

Complète cette devinette en retrouvant les mots manquants grâce aux définitions qui suivent… et tu découvriras un des grands dangers du désert :

« Je peux donner des (1) à tout le monde.
Je suis souvent le bienvenu
et il ne se passe pas un (2) instant
dans le (3) sans que quelqu'un me voie.
Qui suis-je ? »

(1) Les esclaves en prirent beaucoup.
(2) Séparé des autres.
(3) Ensemble des continents et des océans.

Indice : ce que tu cherches donne de la lumière.

☾☾

Mythologie égyptienne

Vues de dessus, ces pyramides en construction cachent un nom mystérieux. Pour le retrouver, rassemble les 6 lettres centrales des 6 pyramides.

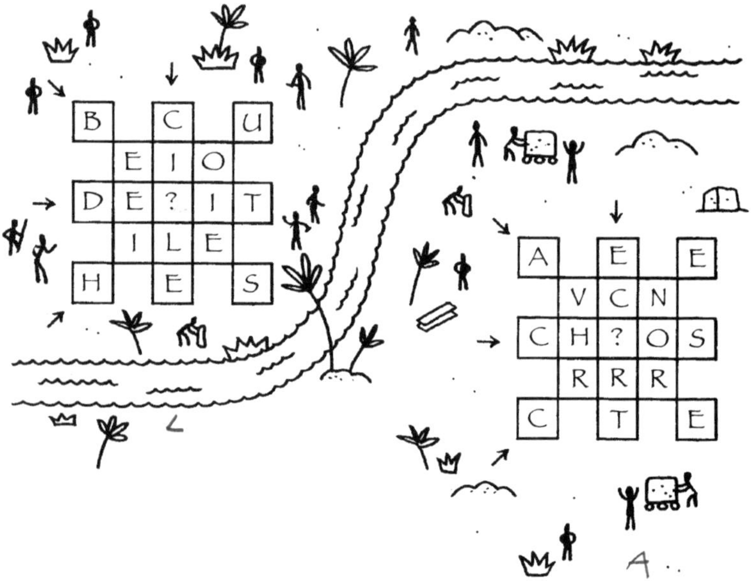

Sachant que chacune d'elles
est commune aux mots qui traversent
la pyramide horizontalement,
verticalement, et en diagonale !

B	A	S	T	E	T
1	2	3	4	5	6

☾☾

Léger comme…

Complète cette devinette en retrouvant
les mots manquants grâce aux définitions qui suivent…
et tu sauras ce que l'esclave doit économiser
pour pousser un bloc de pierre :

« Aussi léger qu'une (1), nul (2) ne peut
le retenir des (3) et des lunes.
Qui suis-je ? »

(1) Parure des oiseaux.
(2) Compagnon de la femme.
(3) Jupiter en a plusieurs.

Indice : ce que tu cherches est nécessaire
à la vie des mammifères.

Les serrures du sarcophage

Pour ouvrir le sarcophage et libérer la momie
de Toutankhamon, relie chaque clé à sa serrure.
Attention : il y en a une en trop !

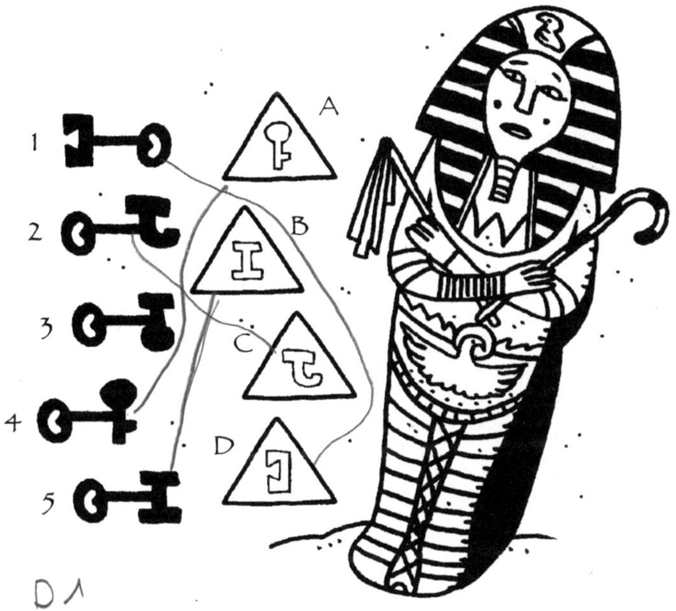

D 1
C 2
A 4
B 5

☾☾

Le hiéroglyphe mystère

Les archéologues ont déterré une nouvelle pierre sur laquelle figure un hiéroglyphe inconnu... Devines-tu ce qu'il signifie ?

☾☾

Portrait de famille

Un riche Égyptien étudie depuis un long moment un personnage dessiné sur une fresque. Intrigué, un scribe lui demande : « Qui regardez-vous ? »

Le riche Égyptien répond : « Je n'ai point de frère ni de sœur, mais le père de cet homme est le fils de mon père. » Quel portrait regarde-t-il ?

☾

Tradition paysanne

« Très important chez les Égyptiens,
quand je suis frais, je suis chaud. Qui suis-je ? »

☾☾

Plus près des dieux

Sachant qu'un même hiéroglyphe correspond toujours à une même lettre, déchiffre ce code de l'architecte royal et tu découvriras le nom du sommet de la pyramide.

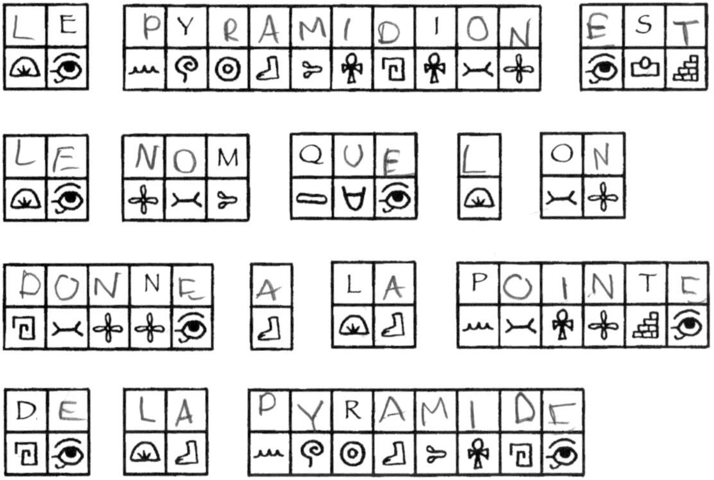

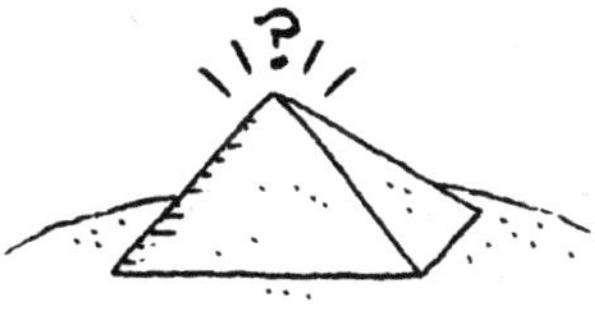

Le rébus de l'égyptologue

Déchiffre ce rébus pour comprendre ce qu'explique cet égyptologue…

Le hiéroglyphe mystère

Les archéologues ont déterré une nouvelle pierre
sur laquelle figure un hiéroglyphe inconnu
et particulièrement étrange... Devines-tu ce qu'il signifie ?

Le repos de la momie

- Celui qui me fait me vend.
- Celui qui m'achète ne se sert pas de moi.
- Celui qui se sert de moi ne le sait pas.

De quoi s'agit-il ?

☾☾

En construction

Trouve les blocs de lettres manquants en devinant les mots qui répondent aux définitions suivantes (pour cela, reporte-toi au chiffre indiqué) :

1. Grand bâtiment d'Égypte.
2. Petite énigme.
3. Bâtiment sacré.
4. Érigera.
5. Nom pharaonique.
6. Propre à l'été.
7. Ville d'Égypte célèbre pour son Phare.
8. Femme de nature joviale.
9. Dieu égyptien maléfique.

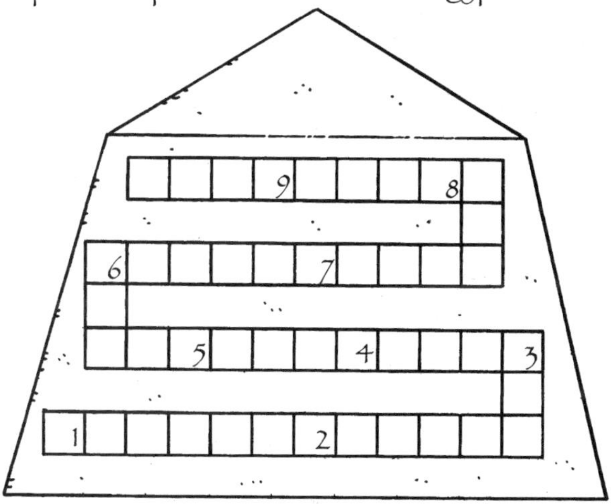

☾☾

Le pharaon mystère

Déchiffre ce rébus et tu découvriras le nom d'un pharaon très célèbre qui vécut il y a 3 300 ans en Égypte et qui, pourtant, mourut vers l'âge de 20 ans seulement !

Un cadeau royal

Ramsès II dit à son épouse Néfertari :
« Je t'offre en cadeau un objet creux qui sera grâce à toi empli d'os, de chair et de sang ! »
Néfertari est alors saisie d'horreur, mais elle a tort. Pourquoi ?

☾☾

Saut de pyramide

Sais-tu quel animal saute plus haut qu'une pyramide ?

C

Qui suis-je ?

Je ne suis rien de plus que des petits trous liés à d'autres petits trous et je ne quitte pas les esclaves du pharaon.

☾☾

Le casse-tête de l'architecte

Un pharaon demande à son architecte :
« Dit-on "des cercles ovales" ou "des cercles ovaux" ? »
Que doit répondre l'architecte
pour ne pas être jeté aux crocodiles ?

ℭℭ

Le hiéroglyphe mystère

Les archéologues ont déterré une nouvelle pierre sur laquelle figure un hiéroglyphe inconnu… Devines-tu ce qu'il signifie ?

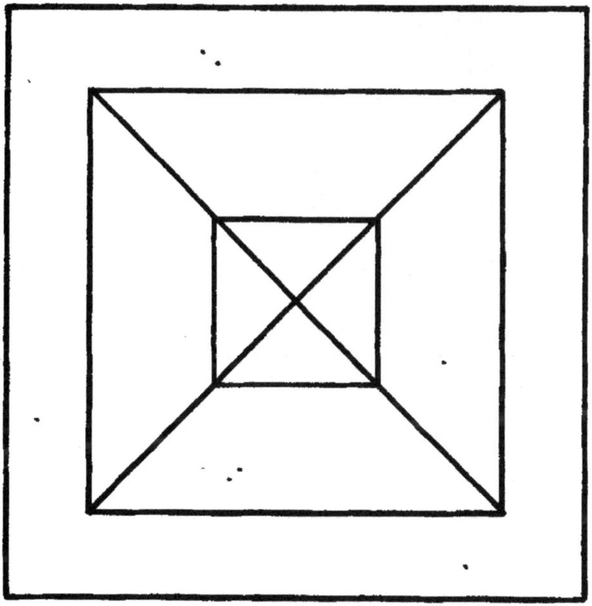

☾☾☾

Le logigramme de Karnak

4 archéologues ont découvert plusieurs objets égyptiens au cours de leurs fouilles sur le site de Karnak.
Dans leurs laboratoires, ils estiment l'âge de chaque objet.
Retrouve quel archéologue a mis au jour quel objet ainsi que l'âge de cet objet. Note les résultats dans la grille en traçant un rond pour une affirmation et une croix pour une négation, puis reporte tes conclusions dans le tableau.
Tu sauras tout de ces découvertes...

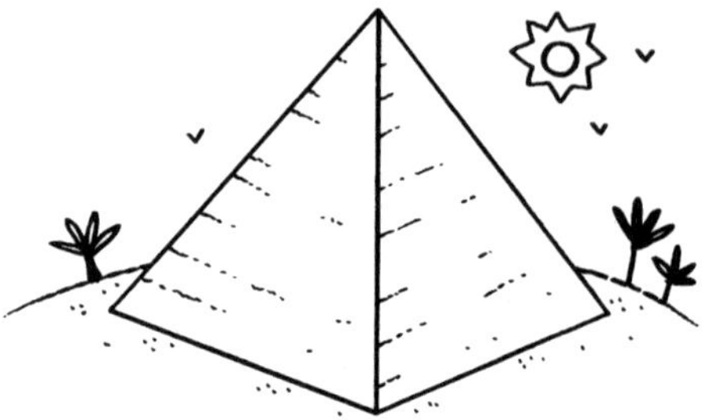

À toi de jouer :

- Le calame, mis au jour par William, a plus de 2 000 ans mais moins de 5 000 ans.
- Le squelette, qui n'a pas été retrouvé par Cyril, a 2 000 ans de plus que le coffre découvert par Stanley.
- Le sarcophage est vieux de 2 000 ans.

		Archéologues				Objets			
		Cyril	Yvan	Stanley	William	Calame	Coffre	Sarcophage	Squelette
Âges	2 000 ans								
	3 000 ans								
	4 000 ans								
	5 000 ans								
Objets	Calame								
	Coffre								
	Sarcophage								
	Squelette								

Archéologues	Objets	Âges
Cyril		
Ivan		
Stanley		
William		

L'intrus de Gizeh

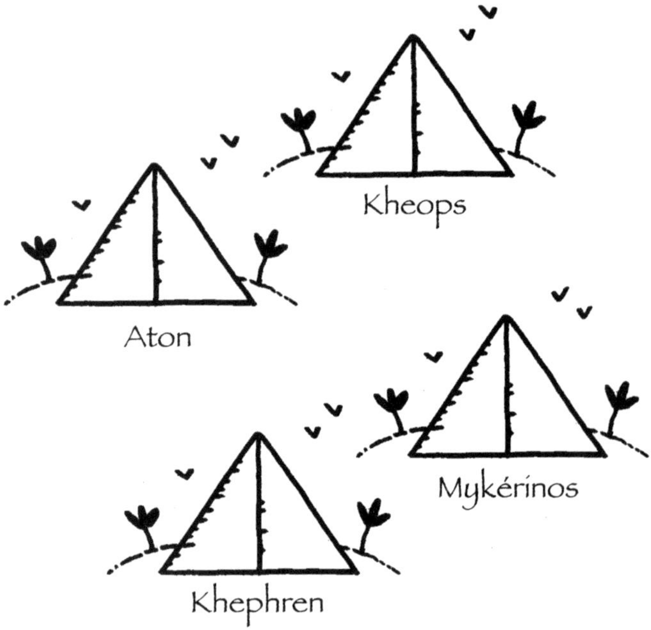

Selon toi, laquelle de ces pyramides n'existe pas ?

- La pyramide d'Aton.
- La pyramide de Kheops.
- La pyramide de Khephren.
- La pyramide de Mykérinos.

La pyramide facile

Comment dessiner une pyramide
en ne passant qu'une seule fois sur tous les points
et surtout sans lever ton crayon ?

☾☾

La charade d'Anubis

- Mon premier est indispensable sur un voilier.
- Mon deuxième n'est pas jolie.
- Mon troisième est une consonne.
- Mon quatrième est une note de musique.
- Mon cinquième est un pronom personnel indéfini.

Mon tout guette ceux qui pénètrent
dans une pyramide inviolée.

À bord de la felouque

Imagine un instant que tu diriges une felouque sur le Nil.
Tu t'arrêtes pour prendre à ton bord 2 militaires, puis un peu plus loin 3 esclaves accompagnés de leur maître.

Tu les déposes au pied du palais du pharaon.
À ton avis, quel âge a le capitaine ?

Les parchemins d'Horus

Après avoir rappelé son mari du royaume des morts, Isis cherche à localiser Seth pour l'empêcher de nuire encore ! Horus a écrit un nouveau papyrus, mais il a été séparé en 2. Superpose les 2 parties et tu sauras où est Seth !

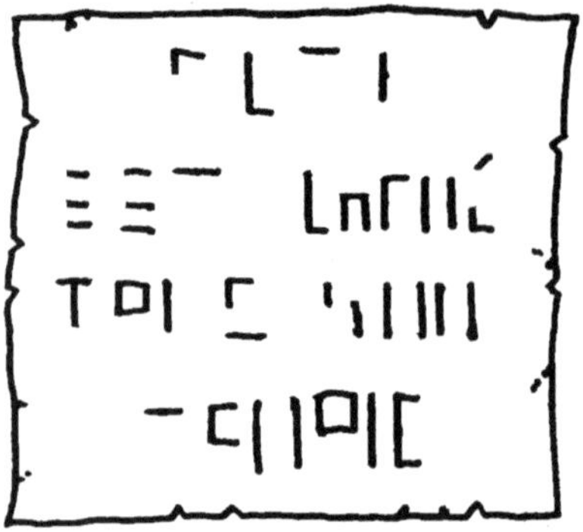

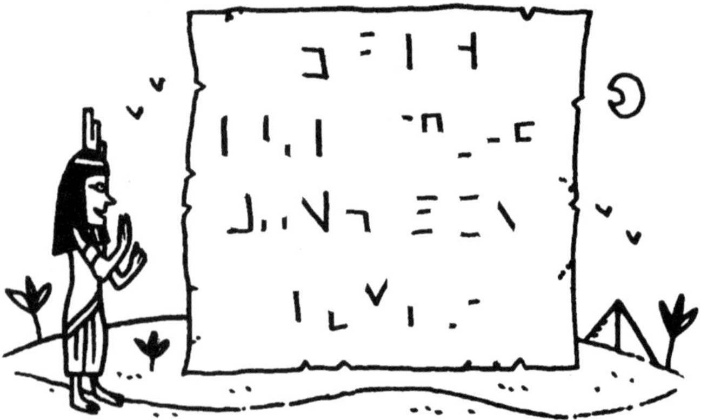

Une fois, deux fois, jamais...

Qu'est-ce que l'on trouve 1 fois dans une pyramide,
2 fois sur une momie et jamais par hasard ?

☾

Le plan secret

Cette étrange pierre a été révélée il y a peu de temps aux archéologues… Elle semble indiquer le chemin à suivre dans une pyramide. Pour le révéler, trouve le symbole qui traverse la pierre de part et d'autre !

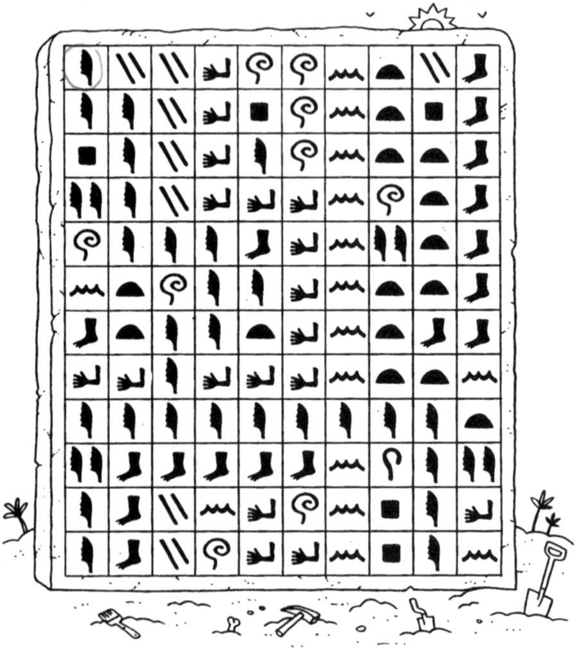

☾☾☾

Casse-tête de blocs

Ce morceau de pyramide pèse 2 tonnes et, pourtant, il est incomplet. Peux-tu aider les ouvriers en leur disant combien de blocs de pierre il manque encore ?

Vues de dessus, ces pyramides en construction cachent un nom mystérieux. Pour le retrouver, rassemble les 6 lettres centrales de chaque pyramide, sachant que chacune d'elles est commune aux mots qui traversent la pyramide horizontalement, verticalement, et en diagonale !

Le lion de Gizeh

3

A		E		R
	C	C	E	
E	C	?	E	C
	T	O	A	
E		S		T

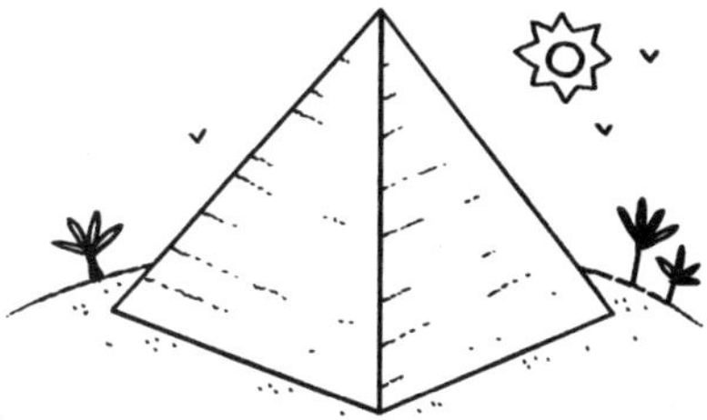

4

B		A		S
	O	D	N	
A	V	?	D	E
	O	E	T	
C		U		E

5

C		B		I
	A	A	U	
D	E	?	T	S
	N	A	O	
E		L		T

S	P	H	I	N	X
1	2	3	4	5	6

☾☾☾

La question du grand prêtre

Le grand prêtre égyptien déclare au pharaon :
« Plus on en est près, plus on y pense et,
quand on y est, on n'y pense plus ! »
Peux-tu aider le pharaon à résoudre cette énigme ?

Chiffres hiéroglyphiques

Cet étrange papyrus est exposé dans un musée depuis de nombreuses années. Mais personne n'a jamais su quelle était la valeur de chaque symbole. On sait juste qu'il s'agit strictement d'unités… Et toi, devines-tu quel chiffre correspond à chaque hiéroglyphe ?

☾☾☾

Je suis le blé…

Complète cette devinette en retrouvant les mots manquants grâce aux définitions qui suivent :

« Je suis le blé et le (1)............ de la terre.
Je peux (2).................. le temps ou finir
en (3)........................
Qui suis-je ? »

(1) L'eau de mer en contient.
(2) Calculer.
(3) L'air en contient.

Indice : ce que tu cherches peut être de folie !

Le cube des dieux

Malédiction ! Le cube des dieux a été ouvert par erreur ! Pour le refermer, il faut reconstituer le carré sachant que sur chaque ligne se cache un mot égyptien… Sauras-tu utiliser le pouvoir des étoiles ?

☾ ☾

Mots croisés du désert

Définitions

Horizontalement :

1. Dieu jaloux d'Osiris, pourchassé par Horus. – Années.
2. Début d'Éléphantine. – Ce qu'on trouve dans les momies.
3. Partout dans le désert. – Métal prisé par les Égyptiens.
4. Personne embaumée. 5. A pour autre nom Rê.
– Parcouru des yeux. 6. Sert à mettre des organes séchés lors des rites funéraires. – Saison chaude.
7. Petite personne. 8. Le Nil fournissait l'Égypte avec.
– Oiseau sage, représenté sur les hiéroglyphes.

Verticalement :

I. Les siens. – Petit cours d'eau.
II. Capitale d'Akhenaton construite vers 1 360 av. J.-C.
III. Bande originale. – Début de nautique.
IV. Consonnes de lame. – Voyelles de mentir.
V. Permet de voir. – S'ajoute à une négation.
VI. Champion. – Obtenue.
VII. Moi, ..., lui.
VIII. Artisan lettré d'Égypte.

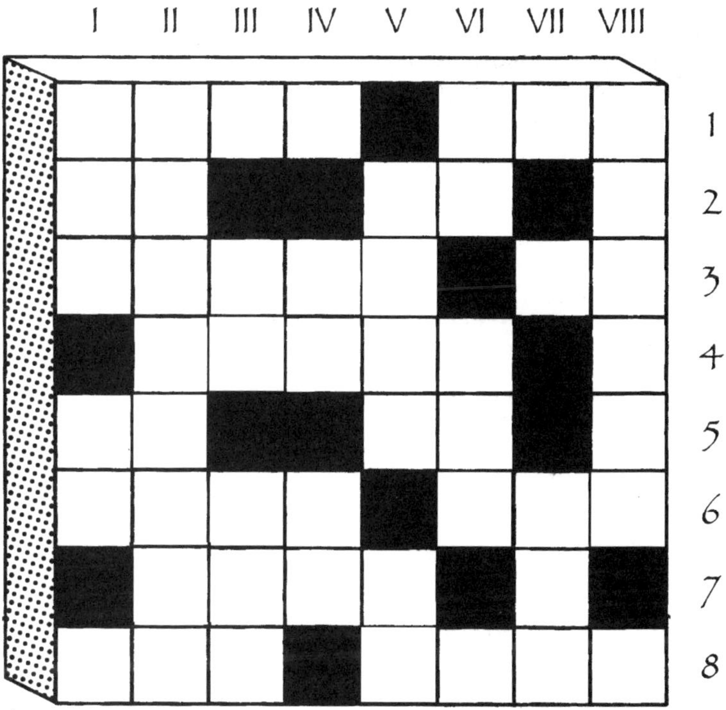
I II III IV V VI VII VIII
1
2
3
4
5
6
7
8

C

L'épouse du roi des pharaons

Déchiffre ce rébus et tu découvriras le nom d'une reine à la beauté légendaire qui fut en outre l'épouse de l'un des plus puissants pharaons de l'Égypte ancienne : RAMSÈS II !

☾☾☾

Dans la pyramide de Sethi Ier

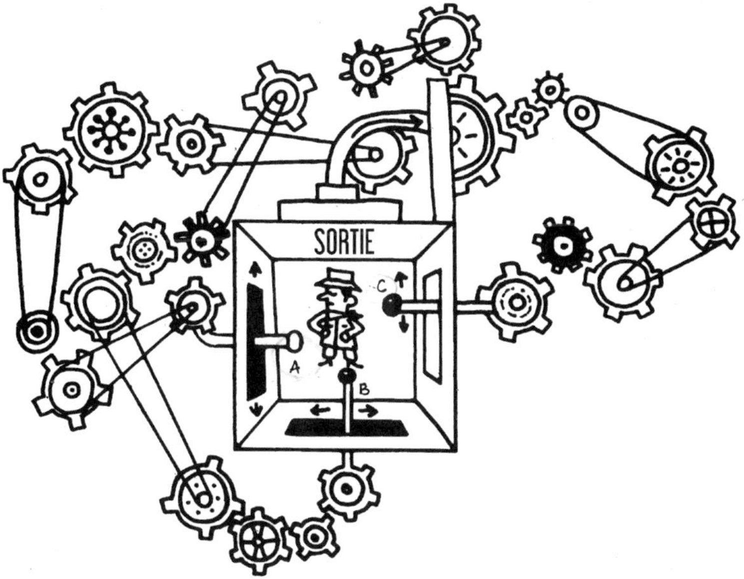

Oh non ! Le professeur Montana Jenos
se retrouve enfermé dans une chambre secrète
de la pyramide de Sethi Ier ! Aide-le vite à en sortir !
Pour cela, trouve quel levier il doit actionner
et surtout dans quel sens !

Mathématique égyptienne

3 pyramides de 40 mètres de large sont construites à 40 mètres de distance. Quelle est la distance entre la première et la dernière ?

L'intrus symbolique

Laquelle de ces doubles couronnes ne fut jamais portée par les pharaons ?

LA COURONNE BLANCHE – LA COURONNE VERTE – LA COURONNE ROUGE – LA COURONNE BLEUE

Secret de scribe

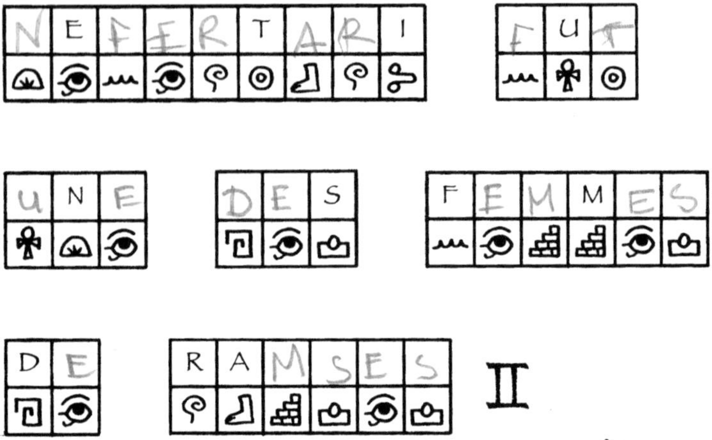

Découvre quel hiéroglyphe correspond à quelle lettre de l'alphabet et tu sauras ce que le scribe veut te dire...

Pouvoir et richesse

Il y a de l'animation à la cour de Pharaon !
Impossible de déterminer qui de l'artisan, du scribe ou du prêtre est le plus riche !

On sait juste que le scribe est plus riche que l'artisan, que l'artisan est moins riche que le prêtre, qui lui-même est plus riche que le scribe...
Qui, selon toi, a la plus grosse fortune ?

☾☾

La devinette des ouvriers

Cette devinette circulait parmi les ouvriers
et esclaves qui bâtissaient les pyramides :
« Plus on en met et moins ça pèse. Qu'est-ce que c'est ? »

Sudo-hiéroglyphe

Cette grille est composée de 9 carrés de 9 cases. Complète les cases vides afin que chaque hiéroglyphe figure une fois et une seule sur chaque ligne, dans chaque colonne et dans chaque carré.

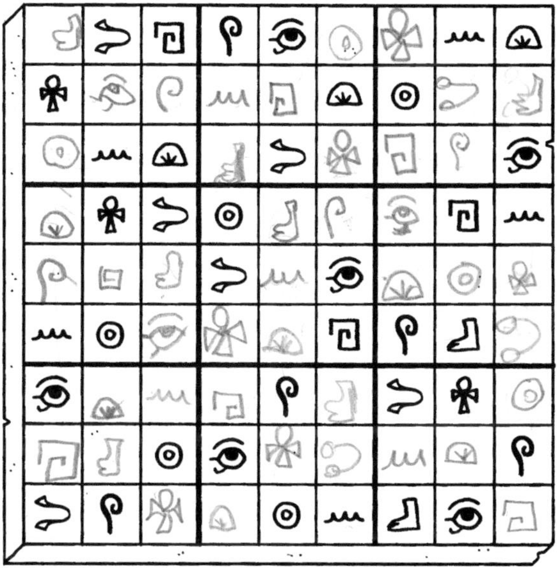

☾☾

L'épouse du pharaon

En répondant à ces 4 questions, découvre 4 lettres qui t'aideront à former le nom de la femme du pharaon Akhenaton.

1. Qui était le dieu des Scribes ?

   Bastet.................... V
   Thot...................... N
   Osiris.................... B

2. Près de quelle ville se dressait le Grand Phare ?

   Thèbes.................... P
   Pi-Ramsès................. N
   Alexandrie................ F

3. Quel animal mythologique a été immortalisé sous la forme d'une très grande construction de pierre ?

   Le sphinx................. T
   La gorgone................ N
   Le dragon................. O

4 Quel chef d'État romain Cléopâtre VII a-t-elle connu ?

Néron........................A

Jules César...................I

Auguste.....................E

Mot mystère :

1 2 3 4

. É . ER . IT I

☾

La fresque du temple

Notre jeune ami cherche désespérément qui est Anubis parmi ces dieux représentés... Il sait juste qu'il a une tête d'animal, une toge, et qu'on voit ses deux bras... Peux-tu l'aider ?

☾☾

Le hiéroglyphe sacré

Le scribe du royaume a offert
cette stèle au temple d'Aton.
Reconnais-tu le hiéroglyphe sacré ?
Il est représenté plus de 2 fois, mais moins de 4,
et n'est pas dessiné d'un seul élément.

Les reproductions du professeur Jenos

En explorant une pyramide de la Vallée des Rois, l'archéologue Montana Jenos a rencontré non pas 1 mais 9 momies !

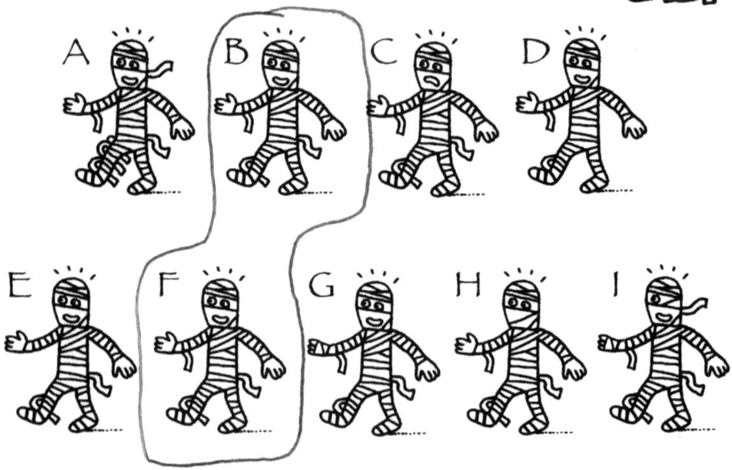

Dans sa fuite, l'éminent professeur n'a pas omis de remarquer un détail : il y a 2 momies jumelles !
Et toi, les vois-tu ?

☾☾

Le diamant du Nil

Sauras-tu dessiner ce diamant ayant appartenu à une célèbre reine d'Égypte sans lever ton crayon ni passer 2 fois au même endroit ?

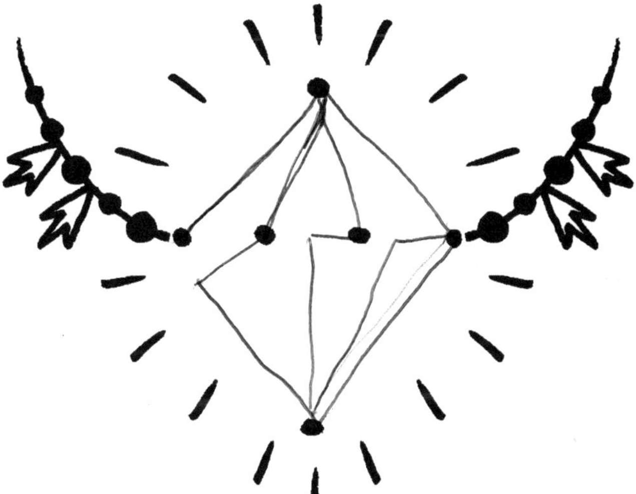

☾☾

Le tombeau du pharaon

Le chantier de la pyramide de Djoser a pris du retard. Combien de blocs de pierre manque-t-il pour compléter la construction ?

La pyramide du Sphinx

Le Sphinx te propose de remplir cette grille en trouvant les mots qui répondent aux définitions suivantes :

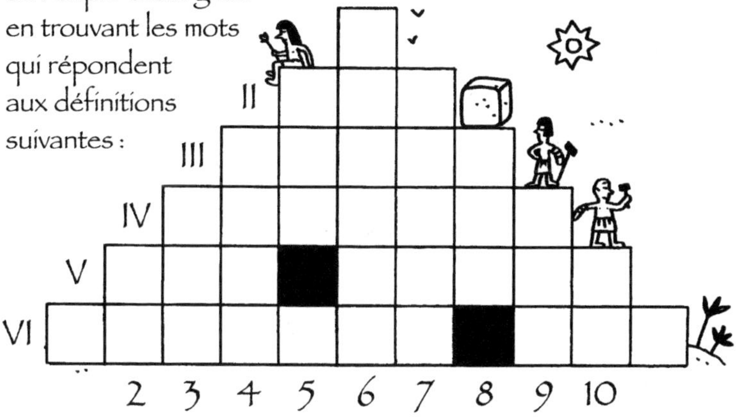

Horizontalement : II. Ancienne monnaie. III. Façon de faire son lit. IV. Donne un son chuintant. V. Serpent. – Très jolis ! VI. Racontées. – Lancer de projectile.

Verticalement : 2. Bonne action. 3. Instrument à vent. 4. Véhicule des Égyptiens. 5. Rare dans le désert. 6. Écrivain d'Égypte. 7. Vases funéraires courants en Égypte. 8. Lettre grecque. 9. Obtint. 10. Onze romain.

Jour de pluie

Il pleut. Le pharaon se promène dans ses jardins.
Rien ne l'abrite et, pourtant, il n'a pas les cheveux mouillés.
Pourquoi ?

Les poissons du palais

Dans le palais du pharaon, il y a une fontaine. Et dans cette fontaine, il y a 3 poissons exotiques. L'un meurt. Pourtant il en reste autant. Comment est-ce possible ?

☾☾☾

Le logigramme antique

4 Égyptiens de l'Égypte Antique ont chacun un rôle dans une ville égyptienne différente. Retrouve le rôle de chacun et le lieu où il vit. Note les résultats dans la grille en marquant un rond pour une affirmation et une croix pour une négation. Puis reporte tes conclusions dans le tableau et tu sauras tout de ces Égyptiens !

À toi de jouer :

- BAT VIT À ASSOUAN, MAIS IL N'EST NI SCRIBE NI PAYSAN.
- L'ESCLAVE QUI HABITE À LOUXOR N'EST NI BAT NI KHABA.
- ABA EST LE SCRIBE DE THÈBES.

		Égyptiens				Villes			
		Aba	Bat	Khaba	Maât	Assouan	Le Caire	Louxor	Thèbes
Rôles	Esclave								
	Paysan								
	Scribe								
	Soldat								
Villes	Assouan								
	Le Caire								
	Louxor								
	Thèbes								

Égyptiens	Rôles	Villes
Aba		
Bat		
Khaba		
Maât		

Les bandelettes de la momie

La momie de Toutankhamon a perdu quelques morceaux de bandelettes ! Peux-tu les lui rendre et, si possible, dans l'ordre ? Tu pourras ainsi former verticalement 4 mots propres à l'ancienne Égypte !

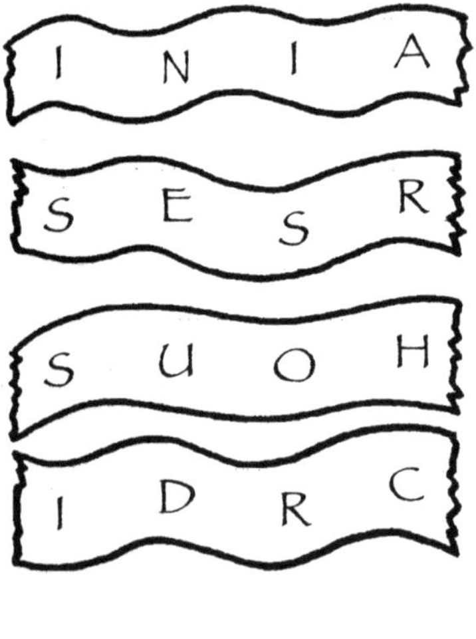

Les hiéroglyphes illisibles

Ramsès II se promène dans son palais. Soudain, son regard est attiré par une nouvelle fresque qu'il n'avait jamais vue. Il s'en approche, mais ne parvient pas à déchiffrer les hiéroglyphes vraiment minuscules. Un grand prêtre vient vers lui et lui tend une loupe.

Il devrait alors se réjouir de cette aide précieuse, mais pas du tout. Pourquoi ?

☾

L'énigme du Sphinx

Au temps des pharaons, le Sphinx posait
une question à chaque visiteur qu'il rencontrait.
Sauras-tu répondre à celle-ci ?

« Bien qu'elle soit toujours noire,
elle peut être blanche. Qui est-ce ? »

La bonne corde

Peux-tu donner un petit coup de main à cet ouvrier ? Indique-lui quelle est la corde qui est reliée à ce gros bloc de pierre destiné à la construction de la Grande Pyramide.

☾☾☾

Cheptel de bovins

Un agriculteur de la banlieue d'el-Amarna possède 17 bœufs.

Il souhaite léguer :

- la moitié de ses bœufs au plus jeune de ses fils ;
- le tiers au cadet ;
- un neuvième au benjamin.

Comment peut-il y parvenir tout en gardant ses bœufs vivants ?

Le fils d'Osiris

En répondant à ces 3 questions, tu trouveras 3 lettres qui t'aideront à former le nom du dieu qui était le fils d'Osiris.

1) Laquelle de ces pyramides est la plus haute ? Celle de…
Kheops............................O
Khephren........................A
Sésostris Ier.....................I

2) Qui a découvert comment déchiffrer les hiéroglyphes ?
Napoléon Ier............................N
Champollion.............................R
Jean Pollion..............................T

3) Le symbole égyptien appelé « ankh » signifie :
La richesse..............................N
La mort.....................................R
La vie..S

Mot mystère : H O R U S

Sous le soleil

Sachant qu'un même hiéroglyphe correspond toujours à une même lettre, déchiffre ce code et tu en sauras plus sur la Basse-Égypte…

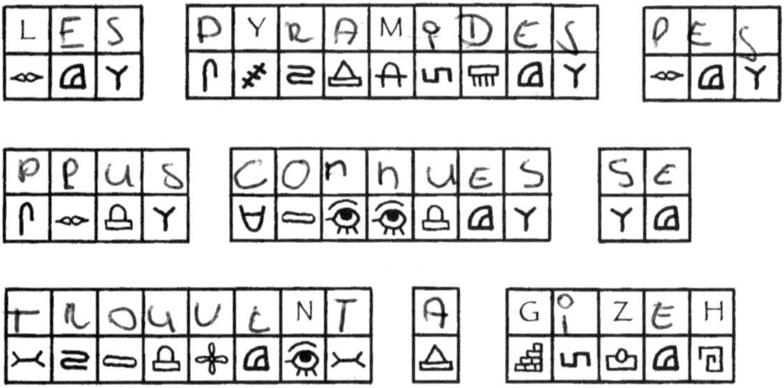

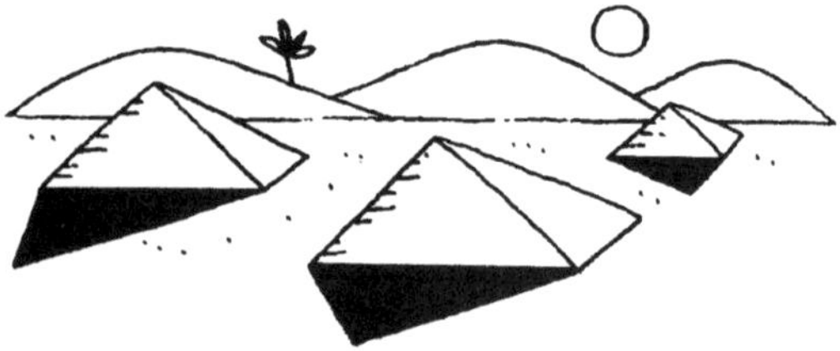

Le labyrinthe royal

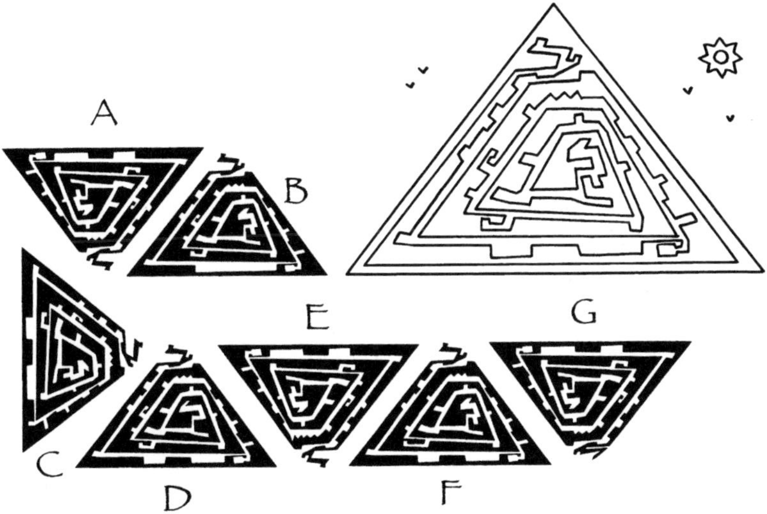

En recopiant les plans de l'intérieur de la pyramide des reines, les scribes se sont trompés ! Seule une silhouette est correcte. Penses-tu pouvoir la trouver ?

☾

Époux et frère

En répondant à ces 3 questions, tu trouveras 3 lettres qui t'aideront à former le nom de l'époux et frère de la déesse Isis.

1) Lequel de ces pharaons a vraiment existé ?
Toutenkhamion.. P
Toutankhamon.. O
Toutankharton.. U

2) Lequel de ces animaux n'était pas sacré pour les Égyptiens ?
L'hippopotame.. T
Le chat.. N
Le kangourou.. R

3) Quel dieu avait une tête de faucon ?
Horus.. I
Seth.. O
Thot.. U

Mot mystère : O S I R I S

☾

La charade du superstitieux

- Mon premier est le contraire du bien.
- Mon deuxième est une voyelle accentuée.
- Mon troisième est l'action d'articuler en parlant.

Mon tout fait trembler bon nombre d'archéologues en Égypte.

La dernière reine

Déchiffre ce rébus
et tu découvriras le nom
de la très belle et dernière
reine d'Égypte !

☾☾

Des travaux pharaoniques

Vues de dessus, ces pyramides en construction cachent un nom mystérieux. Pour le retrouver, rassemble les 6 lettres centrales de chaque pyramide, sachant que chacune d'elles est commune aux mots qui traversent la pyramide horizontalement, verticalement, et en diagonale !

6

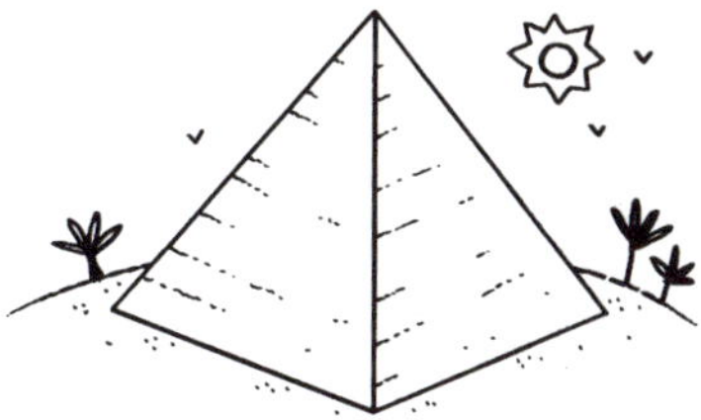

1

C		P		S
	H	H	R	
C	H	?	T	S
	H	R	M	
C		E		P

2

F		B		S
	I	E	E	
C	A	?	A	L
	U	I	A	
D		R		L

3

C		B		S
	R	A	R	
C	O	?	S	U
	E	M	E	
P		E		S

4

A		C		A
	M	U	R	
N	O	?	L	E
	O	E	R	
C		S		E

5

D		A		S
	J	R	R	
B	O	?	R	E
	M	D	N	
E		E		N

A	N	U	B	I	S
1	2	3	4	5	6

☾☾☾

La charade de Maât

- Mon premier signifie « 2 fois » en grec.
- Mon deuxième a un début et une fin.
- Mon troisième est une petite maison dans les arbres.
- Mon quatrième est une consonne.

Mon tout était adorées et vénérées en Égypte ancienne.

☾☾

Méli-mélo de pyramides

Voici le croquis d'un jeune élève architecte.
Combien vois-tu de pyramides ?

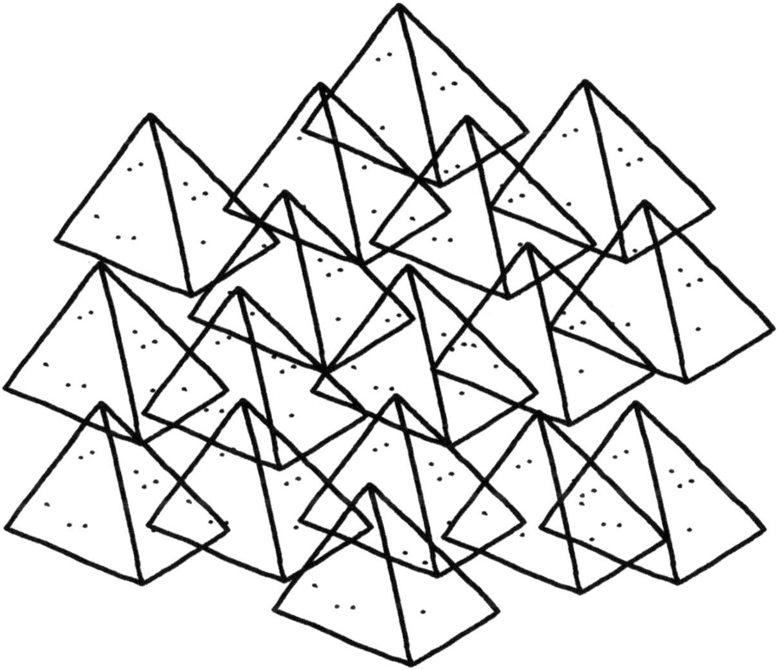

☾☾

La charade de Sésostris Ier

- Mon premier est une voyelle.
- Mon deuxième est une consonne.
- Mon troisième est une fleur.
- Mon quatrième peut être un adverbe, une conjonction ou un pronom.

Mon tout est un monument égyptien.

La devinette du penseur

Sachant qu'un même hiéroglyphe correspond toujours à une même lettre, déchiffre cette devinette codée. Tu connais peut-être la réponse...

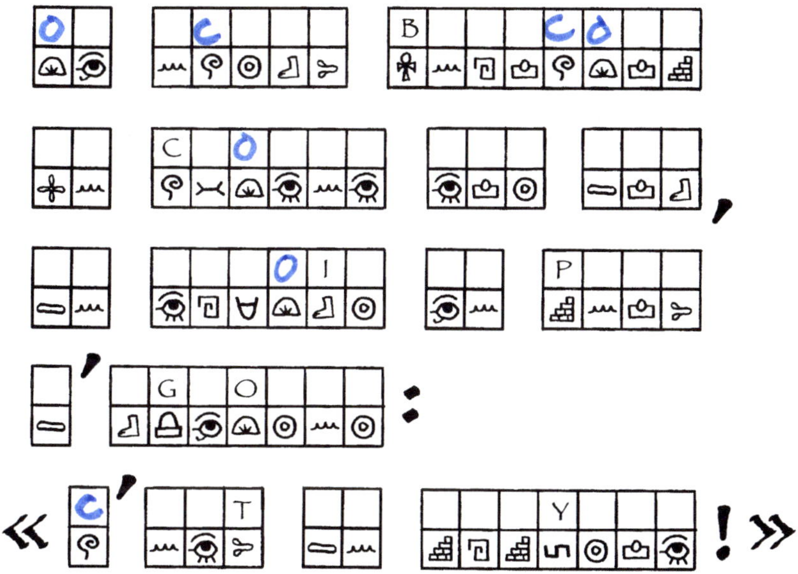

Perdu dans le désert

Relie vite ces points de 1 à 90 et tu découvriras
un animal emblématique de l'Égypte et de son désert.

Un fabuleux sarcophage

Le professeur Carter cherche le sarcophage de Toutankhamon...

Peux-tu l'aider à atteindre la chambre royale sans tomber dans les multiples pièges que renferme la pyramide ?

ℭ

Le comble du disparu

Sais-tu quel est le comble pour une momie ?

☾☾

La sœur de Cléopâtre

Déchiffre ce rébus et tu découvriras le nom de la grande sœur de Cléopâtre VII.

☾☾

Le hiéroglyphe mystère

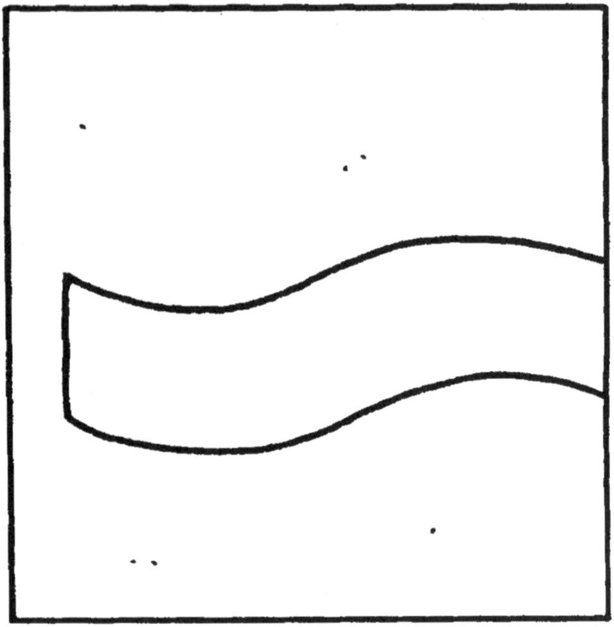

Des archéologues ont déterré une nouvelle pierre sur laquelle figure un hiéroglyphe totalement inconnu... Devines-tu ce qu'il représente ?

À l'école des scribes

Déchiffre ce rébus pourcomprendre ce qu'enseigne le scribe à son jeune élève.

☾☾

Les outils des scribes

Les scribes écrivaient assis, généralement en tailleur. Lequel de ces 4 outils n'utilisaient-ils pas ?

LE PAPYRUS – LE CALAME – LA PLUME – L'ENCRE

À l'heure de la sieste

Lorsque le pharaon s'ennuie, il aime réfléchir. Trouve avec lui le mot correspondant à chaque définition de la colonne de droite, puis regarde si ce mot est une anagramme des mots proposés dans la colonne de gauche. Enfin, relie les mots et les définitions !

1 - OASIS	A - Perçu par l'oreille.
2 - TRIBU	B - Claire, précise et distincte.
3 - TENTE	C - Prenais un risque.

Les serrures de l'arche

Dans cette antichambre du tombeau de Toutankhamon repose une arche contenant un trésor inestimable... À condition de savoir l'ouvrir ! Pour cela, le guide te fournit 5 clés...

Trouveras-tu quelles sont les clés qui ouvrent les bonnes serrures ? Attention : il y en a 1 en trop !

Les blocs de Thout

Thout l'architecte aimerait bien comprendre comment ses ouvriers sont parvenus, en partant de la lettre E, à former le mot « SABLE », en ajoutant une seule lettre à chaque fois !

Peux-tu l'aider ? Attention ! d'une ligne à l'autre, les lettres ne sont pas dans le même ordre...

☾☾

Les parchemins éparpillés

L'archéologue Von Richter a découvert des bandes de parchemin déchirées dans la salle funéraire d'une pyramide. Il est persuadé qu'en replaçant ces bandes dans le bon ordre, il découvrira horizontalement 4 mots égyptiens ! Peux-tu l'aider ?

Mystère à la Cour

Les pharaons l'ont, mais pas les reines, ni les princes ou les généraux. Elle arrive en premier chez Osiris, mais seulement en deuxième chez Horus... De quoi s'agit-il ?

LES SOLUTIONS

page 10

La devinette de Hedjouret

Hedjouret.

page 11

La charade du désert

Pyramide (Pi-Rat-Mi-De).

page 12

Le rébus de la reine

Les chiens aboient, la caravane passe.
(L' – Haie – Chien – A – Bois – La – K – Rat – V' – Âne – P' – As)

Page 13

Méli-mélo de croix

24 croix.

Page 14

La charade d'Hathor

- Mi, qui sur la gamme est 2 notes avant sol.
- Quai, là où les bateaux s'arrêtent.
- Rit.
- Noces.

Ce qui nous fait : Mykérinos !

Page 15

Le rébus de l'archéologue

Les pyramides étaient de véritables labyrinthes !

(L' – ÉPI – RAT – MI – 2 – É – T' – HAIE – 2 – VER – I – TABLE – L' – HABIT – R' – 1 – T' – ŒUFS !)

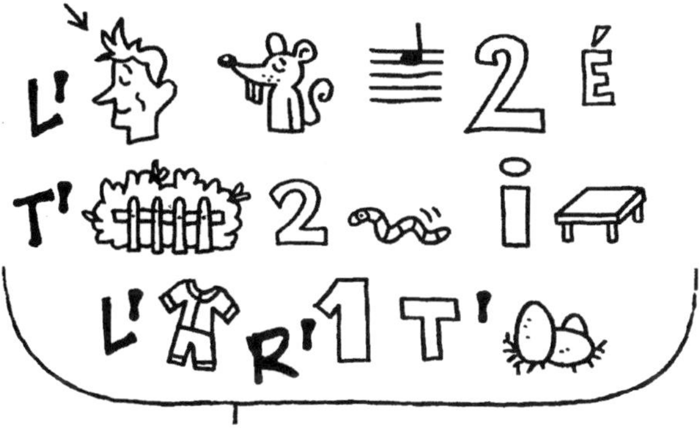

page 16-17

Mots croisés du désert

	I	II	III	IV	V	VI	VII	VIII
1	G	I	Z	E	H		A	H
2	I	S		L	I	O	N	S
3	S	I	T	E			K	
4	E	S		P	E	C	H	E
5	M		T	H	O	T		L
6	E	N		A			V	
7	N		A	N	U	B	I	S
8	T	E	S	T		L	E	T

page 18

Pyramide en construction

7 blocs.

page 19

Les pièges de Mykérinos

Il doit pousser le levier vers le bas.

page 20

Sur le Nil

L'ancre d'une felouque (bateau égyptien).

page 21

Les parchemins d'Horus

« OSIRIS REPOSE À L'EST DU NIL. »

page 22

L'intrus du royaume

Horus, qui est un dieu.

Akhenaton

Toutankhamon

Aménophis

Horus

page 23

Le labyrinthe de Kheops

L'entrée B.

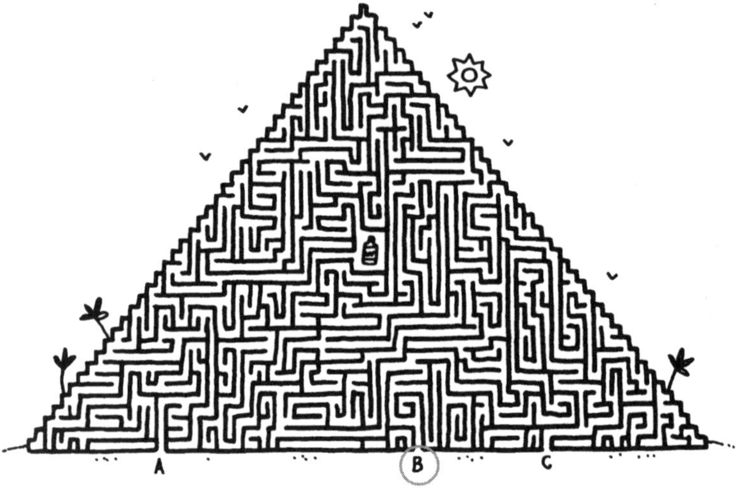

page 24

La charade d'Osiris

Archéologie (Arc – Éole – Eau – J).

page 25

Logique de marchands

Les commerçants sont chacun sur une rive du Nil.

page 26-27

Le logigramme du Nil

Femmes	Séjours	Maris
Abina	10	Adjib
Bérénice	4	Enheb
Chefet	6	Djaa
Djounout	8	Chabti

page 28

Lutte de pouvoir

La guerre.

page 29

Les pyramides de Gizeh

Ils sont face à face.

page 30

Le père d'Amenhotep IV

AMÉNOPHIS III

(A – Mai – No – Fils – 3).

page 31

L'erreur à réparer

On déplace le bloc 10 sous le bloc 9, en diagonale de celui-ci. Puis le bloc 1 à droite du bloc 2, en diagonale de celui-ci. Et enfin, le bloc 6 vers la gauche, en bordure des blocs 3 et 7. Le triangle, bien qu'incomplet, pointera ainsi vers la gauche et on n'aura déplacé que 3 blocs !

page 32

Sudo-hiéroglyphe

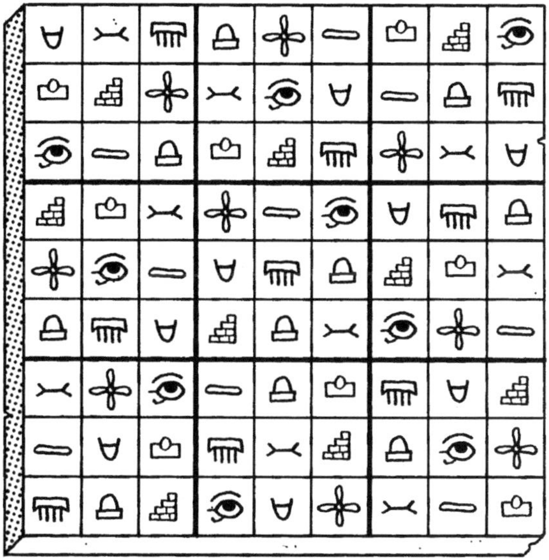

page 33

Esclaves d'Égypte

Il n'a que 3 esclaves : 1 Perse, 1 Grec et 1 Romain.

page 34

L'intrus des dieux

Rahotep, qui est un pharaon.

page 35

Ouvriers en fuite

(1) PRISON – (2) PROIES – (3) ORTIES

page 36

Dieux et déesse

RA, ANUBIS, OSIRIS, ISIS.

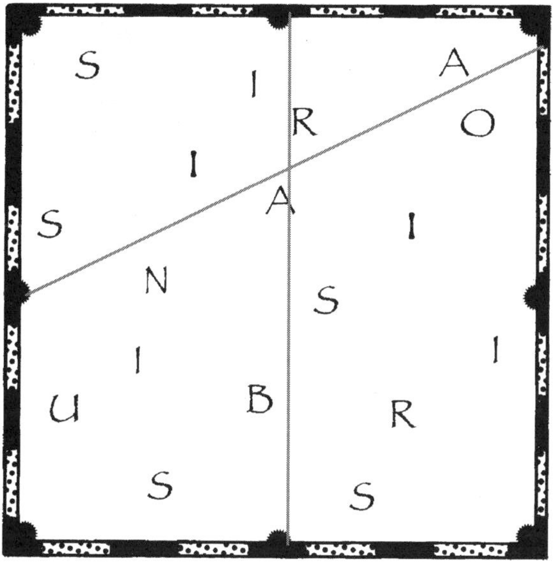

page 37

Sauvés des eaux

Aucune, car c'est Noé !

page 38

Prisonnier du temple

La corde C.

page 39

La devinette de Rê

Le soleil.

page 40-41

Mythologie égyptienne

B	A	S	T	E	T
1	2	3	4	5	6

page 42

Léger comme…

Son souffle.

page 43

Les serrures du sarcophage

1-D, 2-C, 4-A, 5-B ; il reste la clé 3.

page 44

Le hiéroglyphe mystère

Un chameau passe devant
la Grande Pyramide.

page 45

Portrait de famille

Celui de son fils.

page 46

Tradition paysanne

Le pain.

page 47

Plus près des dieux

LE PYRAMIDION EST LE NOM QUE L'ON DONNE À LA POINTE DE LA PYRAMIDE.

page 48

Le rébus de l'égyptologue

La maîtrise des mathématiques était indispensable pour bâtir des pyramides ! (La – Mètre – i'Z – Dé – Mât – T – Mât – Ticket – T' – Haie – 1 – Dix – Paon – Sable – Pour – Bas – Tire – Dé – Pi – Rat – Mi – Deux !)

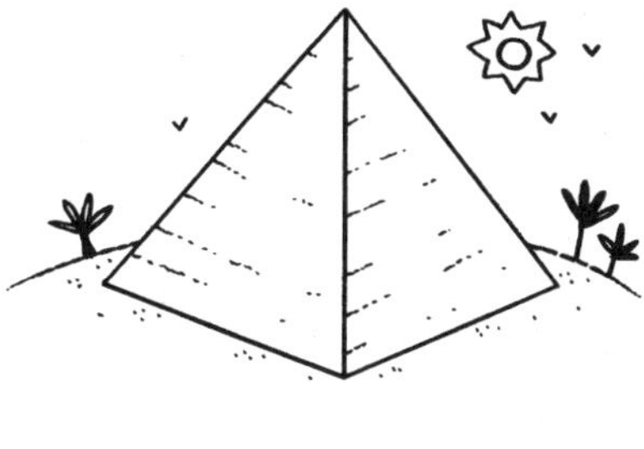

page 49

Le hiéroglyphe mystère

Un Mexicain qui fait la sieste adossé à un obélisque.

page 50

Le repos de la momie

D'un sarcophage.

page 51

En construction

1. PYRAMIDE 2. DEVINETTE 3. TEMPLE

4. LÈVERA. 5. RAMSÈS 6. ESTIVAL

7. ALEXANDRIE 8. RIEUSE 9. SETH

page 52

Le pharaon mystère

TOUTANKHAMON

(Toux – T' – An – K – Mont).

page 53

Un cadeau royal

Le cadeau est une bague !

page 54

Saut de pyramide

Presque tous : une pyramide ne saute pas !

page 55

Qui suis-je ?

Une chaîne.

page 56

Le casse-tête de l'architecte

« Un cercle n'est pas ovale ! »

page 57

Le hiéroglyphe mystère

Une pyramide vue du ciel, évidemment !

page 58-59

Le logigramme de Karnak

Archéologues	Objets	Âges
Cyril	Sarcophage	2 000 ans
Ivan	Squelette	5 000 ans
Stanley	Coffre	3 000 ans
William	Calame	4 000 ans

page 60

L'intrus de Gizeh

La pyramide d'Aton. Aton est un dieu et non un pharaon.

page 61

La pyramide facile

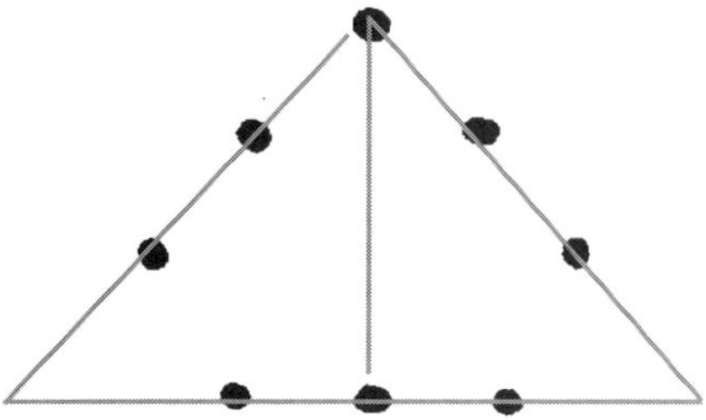

page 62

La charade d'Anubis

Malédiction

(Mât – Laide – X – Si – On).

page 63

À bord de la felouque

Le tien !

page 64

Les parchemins d'Horus

« SETH EST CACHÉ DANS SON TEMPLE. »

page 65

Une fois, deux fois, jamais…

La lettre M.

page 66

Le plan secret

page 67

Casse-tête de blocs

21 blocs.

page 68-69

Le lion de Gizeh

S	P	H	I	N	X
1	2	3	4	5	6

page 70

La question du grand prêtre

La mort.

page 71

Chiffres hiéroglyphiques

 vaut 6,  vaut 3 et  valent 2 !

page 72

Je suis le blé…

Le grain.

page 73

Le cube des dieux

MOMIE, SABLE, REINE, DELTA, CRUES.

M	O	M	I	E
S	A	B	L	E
R	E	I	N	E
D	E	L	T	A
C	R	U	E	S

page 74-75

Mots croisés du désert

	I	II	III	IV	V	VI	VII	VIII
1	S	E	T	H		A	N	S
2	E	L			O	S		C
3	S	A	B	L	E		O	R
4		M	O	M	I	E		I
5	R	A			L	U		B
6	U	R	N	E		E	T	E
7		N	A	I	N		O	
8	E	A	U		I	B	I	S

page 76

L'épouse du roi des pharaons

NÉFERTARI.

Nez – Fer – Tas – Riz

page 77

Dans la pyramide de Sethi Ier

Il doit actionner le levier A vers le bas.

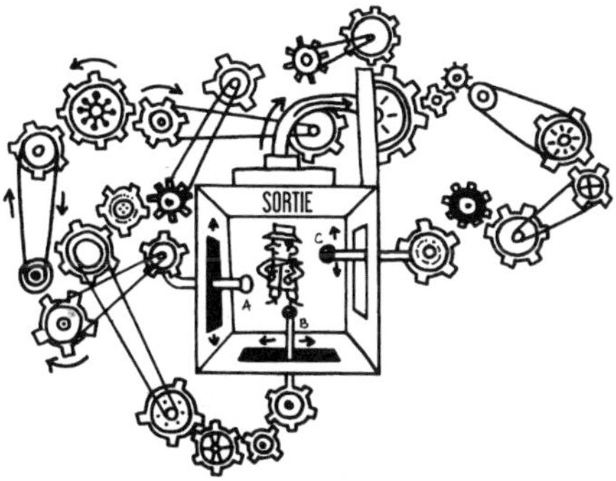

page 78

Mathématique égyptienne

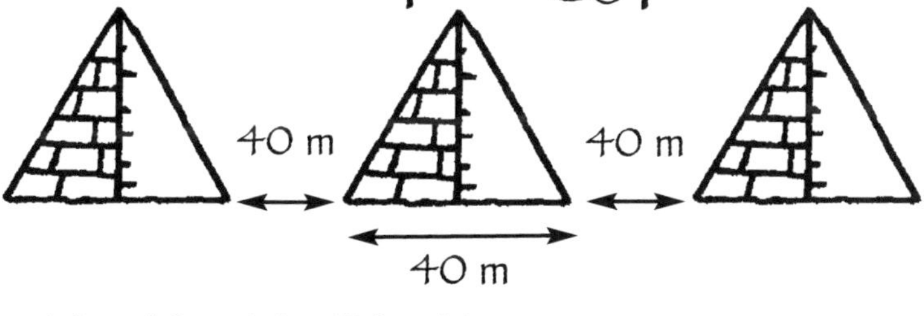

40 + 40 + 40 = 120 mètres

page *79*

L'intrus symbolique

- La couronne verte.
- La couronne blanche ou hedjet (« la blanche » en égyptien) était le symbole royal de la Haute-Égypte.
- La couronne rouge ou desheret (« la rouge » en égyptien) était le symbole royal de la Basse-Égypte.
- La couronne bleue ou khepresh : il s'agissait d'une couronne associée aux victoires militaires du pharaon.

page 80

Secret de scribe

NÉFERTARI FUT UNE DES FEMMES DE RAMSÈS II.

page 81

Pouvoir et richesse

Le prêtre.

page 82

La devinette des ouvriers

Des trous.

page 83

Sudo hiéroglyphe

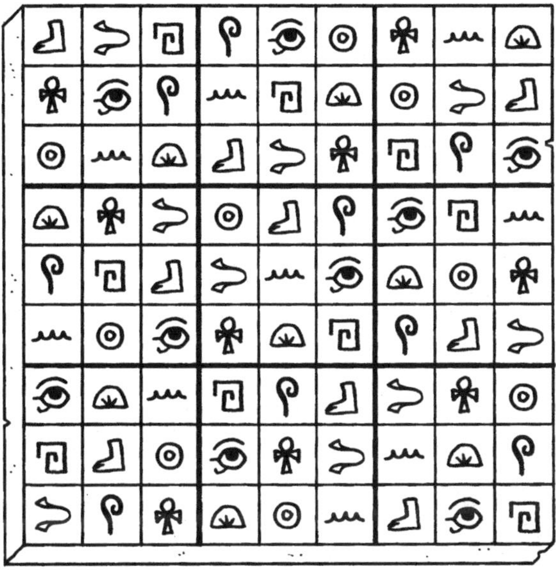

page 84-85

L'épouse du pharaon

N, F, T, I : Néfertiti.

page 86

La fresque du temple

C'est le dernier, tout à droite.

page *87*

Le hiéroglyphe sacré

page *88*

Les reproductions du professeur Jenos

B et G.

page 89

Le diamant du Nil

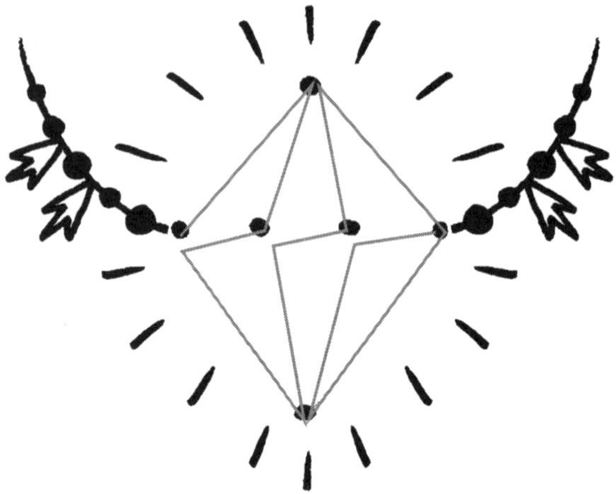

page 90

Le tombeau du pharaon

9 blocs.

page 91
La pyramide du Sphinx

page 92
Jour de pluie

Sous leur perruque de laine,
les pharaons avaient la tête rasée !

page 93

Les poissons du palais

Il en reste 3 car, même mort,
le poisson demeure dans la fontaine !

page 94-95

Le logigramme antique

Égyptiens	Rôles	Villes
Aba	Scribe	Thèbes
Bat	Soldat	Assouan
Khaba	Paysan	Le Caire
Maât	Esclave	Louxor

page 96

Les bandelettes de la momie

ISIS – DUNE – ROIS – CHAR

page 97

Les hiéroglyphes illisibles

La loupe n'existait pas au temps de Ramsès II.

page *98*

L'énigme du Sphinx

La nuit.

page *99*

La bonne corde

La corde 3.

page 100

Cheptel de bovins

S'il en avait 18, cela ferait 18/2 = 9, 18/3 = 6 et 18/9 = 2. Or, 2+6+9 = 17 : notre agriculteur n'a qu'à faire comme s'il en avait 18 !
(L'astuce est que 1/9 + 1/3 + 1/2 = 17/18, et 17/18 est plus petit que 1 !)

page 101

Le fils d'Osiris

O, R, et S : Horus.

page 102

Sous le soleil

LES PYRAMIDES LES PLUS CONNUES SE TROUVENT À GIZEH.

page 103

Le labyrinthe royal

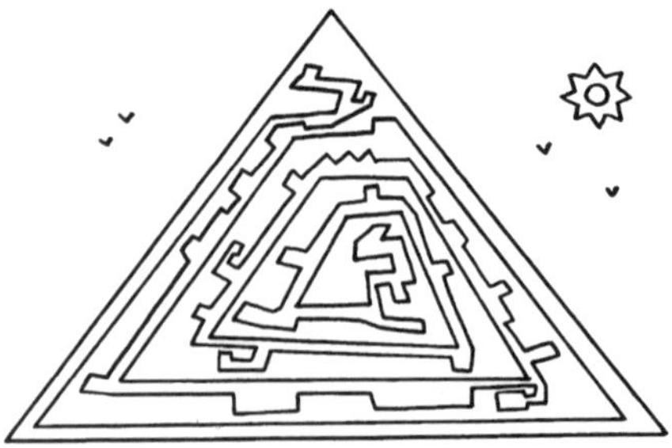

F

page 104-105

Époux et frère

O, R, I : Osiris.

page 106

La charade du superstitieux

Malédiction (Mal – É – Diction).

page 107

La dernière reine

CLÉOPÂTRE VII (Clé – Eau – Pas – T' – Recette).

page 108-109

Des travaux pharaoniques

A	N	U	B	I	S
1	2	3	4	5	6

page 110

La charade de Maât

Divinités (Di – Vie – Nid – T).

page 111

Méli-mélo de pyramides

17 pyramides.

page 112

La charade de Sésostris Ier

Obélisque (O – B – Lys – Que).

page 113

La devinette du penseur

ON ÉCRIT BEAUCOUP DE CHOSES SUR LUI, LE SAVOIR NE PEUT L'IGNORER : « C'EST LE PAPYRUS ! »

page 114

Perdu dans le désert

Un chameau.

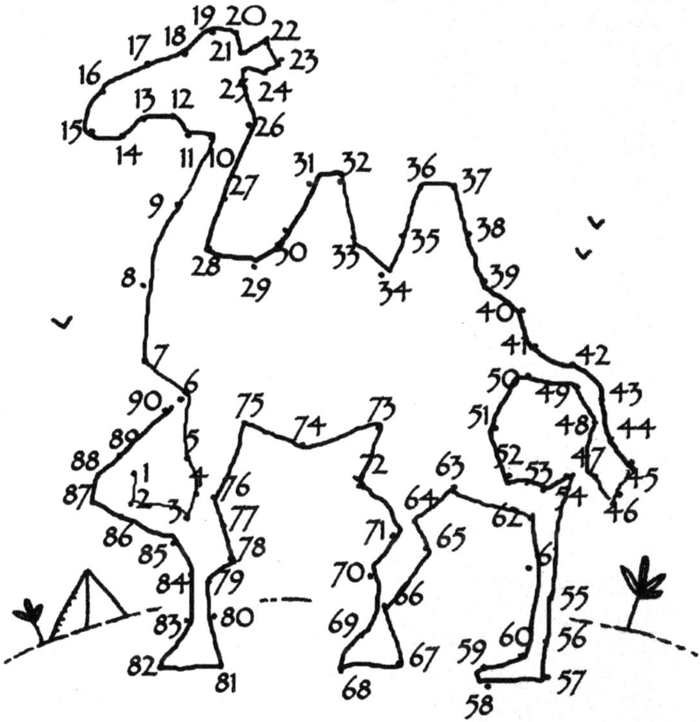

page 115

Un fabuleux sarcophage

Le chemin 4.

page 116

Le comble du disparu

Ne pas pouvoir vivre en bande !

page 117

La sœur de Cléopâtre

BÉRÉNICE VII (B – Reine – Hisse – 7).

page 118

Le hiéroglyphe mystère

La bandelette d'une momie
qui se promenait par ici.

page 119

À l'école des scribes

Les pyramides servent de tombeaux aux pharaons. (L'Haie – Pi – Rat – Mi – Deux – Serres – Ve – Deux – Ton – Beau – Eau – Phare – A – On).

page 120

Les outils des scribes

LA PLUME.

page 121

À l'heure de la sieste

1 - OSAIS — C - Prenais un risque.
2 - BRUIT — A - Perçu par l'oreille.
3 - NETTE — B - Claire, précise et distincte.

page 122

Les serrures de l'arche

A-4, B-1, C-2, D-5 ; il reste la clé 3.

page 123

Les blocs de Thout

page 124

Les parchemins éparpillés

RAMSÈS, ANUBIS, SPHINX, PRÊTRE.

page 125

Mystère à la Cour

Il s'agit de la lettre O !